A MENINA QUE QUERIA SER

Travessia de uma existência

Angela Maria Menezes de Almeida

In Media Res

Nova Friburgo - RJ

Projeto gráfico: In Media Res Editora
Capa: In Media Res Editora
Diagramação: In Media Res Editora
Revisão: In Media Res Editora

Dados Internacionais de Catalogação na Publicação (CIP)

A447m
Almeida, Angela Maria Menezes de
A menina que queria ser / Angela Maria Menezes de Almeida
1ª edição - Nova Friburgo – RJ. In Media Res, 2019
76 p.

ISBN: 978-85-94016-29-4

1.Ensaio 2. Autoconhecimento. 3. Psicologia . I. Título

CDD: B.869-4

Educatoris Instituto de Educação Multidisciplinar Ltda
Rua Abdo Abi-Ramia, 81
28630-090 - Nova Friburgo – RJ
www.inmediares.com.br

À menina que existe no mais íntimo
de cada mulher.

E o que era que eu queria?
Ah, acho que não queria mesmo nada,
de tanto que eu queria só tudo.
Uma coisa, a coisa, esta coisa:
eu somente queria era: ficar sendo!

João Guimarães Rosa

SUMÁRIO

Prefácio

Os verbos da existência

Mas, o que é o essencial do ser? Por onde ele anda quando ainda é pequenino e mal sabe sobre a jornada da existência da vida? O que é a vida despojada de um ser? Por acaso existe uma vida privada dele? E quando nos damos por sua falta? Como encontrá-lo? Como e de que maneira nos conduzirmos por um caminho quando este se nos apresenta escuro?

A resposta mais breve é a que diz que as palavras iluminam o caminho. E aqui me lembro de uma passagem narrada pelo próprio Freud, quando estava caminhando à noite, por Viena, com seu neto.

"Vovô, fale alguma coisa!"

Ao que Freud responde:

"Mas por que você quer que eu fale alguma coisa, meu neto?"

"Porque quando o senhor fala a luz vem."

Talvez uma grande palavra iluminadora deste livro, uma enorme palavra que nos jorra luz para continuarmos avançando páginas adentro, como num mar do qual perdemos o leme do barco, não seja exatamente o "ser", mas sim a palavra "gente". "... gente é sentida como um jorro de energia amorosa."

Neste livro, *A Menina que queria ser*, Angela Maria Menezes de Almeida nos conduz com extrema delicadeza, em sua narrativa ficcional, por caminhos que todos nós gostaríamos de percorrer: a travessia da existência.

Clarice Lispector certa vez disse que quanto mais seus textos eram ficcionais, mais pareciam autobiográficos e, quanto mais ela escrevia sobre sua vida, mais ficcionais seus textos pareciam.

Realidade ou ficção? Na verdade, quem se importa? O que realmente é preciso, Angela faz com maestria. Ela se propõe inscrever-se de maneira a reinventar-se. Reinaugurar-se é um ato de fé na vida. É preciso que se viva intensamente. E a escrita é um viver que se faz por um lado de maneira solitária – assim, todo escritor é um solitário – e, por outro, coletiva, quando o escritor reúne em si e através de si seus inúmeros personagens, fazendo com que o mundo do livro seja habitado por uma infinidade de seres.

Dizem que a maior invenção do ser humano foi a roda. Eu discordo. Acho que a maior invenção do ser humano foi o livro, porque dentro dele cabe o mundo inteiro.

A genealogia inaugurada por Angela Maria nos conduz ao âmago do ser. O livro inicia-se com uma afirmação que já aprofunda o tema, o complexo tema do ser, antes da segunda linha: "A morte precede a vida". Frase instigante porque em geral nossa tendência é de pensarmos exatamente o contrário, ou seja, que a vida inaugura a morte e o morrer. Subvertendo assim o tema, o livro vai tecendo um fio condutor sobre a essência, a criação, as palavras e suas lembranças, ora com tristezas e catástrofes, ora com encantamento e paixão inocente até o enigma de um ser que não se cansa de se por à prova diante do amor e da vida.

Este é um livro escrito com a coragem da vida de Angela. Um livro escrito não-sem medo, porque não existe coragem sem medo. Toda ação que tenha a coragem em sua essência não é desprovida do medo. A palavra, para se engajar no ser, precisa desbravar os piores temores, os mais inauditos fantasmas e tremores da vida quotidiana, para atravessar mares nunca antes navegados. A coragem é o jorro de luz do amor. O amor à palavra, o amor ao mais íntimo e confessional, o amor ao mais profundo do ser não se faz e não se tece sem coragem. Habitar a palavra é habitar o ser. Habitar o ser é se dispor a travessias. Se dispor a atravessar com encantamento é ser mulher não esquecendo que é menina, uma menina não-sem a sua coragem, uma menina não-sem a sua potência de ser. A lanterna desta menina vai nos guiar através das suas palavras. Este é o tom lírico e confessional deste livro. Como pode uma menina, uma doce menina que ainda sabe pouco de si, pouco de seu ser, ter muito a nos dizer e ensinar?

Neste livro de estreia, neste ensaio-romance lírico e confessional, Angela nos brinda em cada página com um arauto que anuncia que o melhor está por vir. Como uma fruta madura que colhemos no tempo certo, como o gosto das primaveras que nos brindam com suas cores, como os talismãs que nos recordam a antiga infância, como pequenos detalhes que são como inúmeros vaga-lumes a estrelar nosso céu, as palavras possuem, cada uma, o seu tempo certo de frutificar diante de nossos olhos para, com elas, fazermos também, cada um de nós, a travessia da vida que nunca termina.

Se "viver é negócio muito perigoso", como diz Guimarães Rosa no Grande Sertão, "a menina que queria ser" enfrenta o perigo armada apenas, o que não é pouco, sabemos, com a palavra e o amor. Ou melhor, o amor à palavra.

Se os verbos indicam a ação, e se as ações indicam movimentos, não estamos apenas diante dos verbos "ser" e "existir", mas profundamente diante do poderoso verbo "ler".

Então, boa travessia e ótima leitura a todos.

Carlos Eduardo Leal
Psicanalista e escritor

PARTE 1

1

Sobre palavras e dons

> No fundo de cada palavra,
> assisto ao meu nascimento.
> [Alain Basquet]

A morte precede a vida. Antes, era o nada. E do nada, um começo se deu. O nada era o caos? Do caos veio o cosmos, assim se diz. Uma coisa era certa: precisou um algo que desse impulso a esse início. Assim feito, a criação se deu. Portanto, se há vazio, nada, caos, sofrimento, dor... uma criação se avizinha. Possibilidade de um nascimento.

Essa narrativa começa desse jeito, justamente porque a menina que queria ser teve esse vislumbre ao perceber que começou a escrever a sua história no dia dos mortos. Uma nova possibilidade de nascimento estaria se configurando para ela? Na verdade, essa seria a história dela ou estaria sendo inventada por ela, para ela, como esperança de poder existir com certa leveza?

Nada era certo, mas era preciso se atirar, iniciar esse percurso. Era preciso voltar no tempo e atingir o mais delicado de si. Pulsar, sentir, respirar, gritar... e, num impulso, se aventurar no escuro de seu mistério, de seu enigma. Era preciso renascer. E renascer era inventar-se. Para isso, ela precisaria pensar... pensar... pensar.

Agora, ela se agarraria às palavras e as exploraria em benefício próprio. Esse era o seu plano. Espremer as palavras até que elas pudessem lhe oferecer algo. Um sumo revigorante, com possibilidade de se transformar em húmus fértil. Ela queria brotar dali.

Tomaria as palavras e iria com elas, buscando significar as marcas que ela mesma trazia em si, em especial; aquelas que habitavam o mais íntimo de sua caverna, o mais obscuro de seu interior. Para isso, ela precisaria se mostrar por inteiro, se tornar transparente, se virar pelo avesso. Mas como fazer com que as palavras pudessem penetrar em si, naquilo que ela mesma não sabia o que era? Ela começaria com indagações... Quem sou eu? É. Seria assim.

Perguntar e silenciosamente aguardar que as palavras se dessem a ouvir ou, quem sabe, a sentir, mesmo que, dessa forma, ela ficasse exposta e desnuda, completamente entregue à sua fragilidade. Quem se indaga é porque não se sabe. Ela não se sabia. Era uma tola de si. Não dava para esconder isso. O que ela nunca havia pensado é que era preciso muita coragem para se aceitar fraca e para se mostrar assim. No entanto, aceitar-se frágil era essencial para o início dessa empreitada.

Uma coisa ela já sabia: não iria desistir. Então, aproximou-se de sua tímida coragem, ou melhor, aproximou a palavra coragem de si e, tentando desvendá-la, percebeu: cor-agem – capacidade de agir deixando fluir o coração. Ah... Assim ficaria mais fácil.

Então, muito lentamente, ela começou a tecer uma rede delicada, com palavras que possuíssem o dom de aquecer, de conter, de nutrir... Deitou seu corpo nesse tecido macio e deixou-se embalar por ele. Entregou-se. Sonhou. Com o tempo, seu ser e as palavras foram se amalgamando. Sensações, sentimentos e ideias transfigurados em palavras foram se abrindo em possibilidades de compreensão daquela menina sobre si, que, só por se questionar, já inaugurava um outro.

2

A menina que queria ser

> ...quero encontrar a ilha desconhecida, quero saber quem eu sou quando nela estiver...
> Se não sais de ti, não chegas a saber quem és.
>
> [José Saramago]

Ela queria ser. Ser o quê? Pensava como seria ser como os adultos. Como seria ser gente. Então, ela não era gente? Não é bem isso que ela queria dizer. Talvez, melhor assim, ela quisesse poder imbuir-se do sentimento que um indivíduo, em plena maturidade, tem sobre si. Compreender as múltiplas possibilidades de determinação, de escolha e de realização que a vida adulta parecia anunciar. Desvendar os enigmas que pairavam sob seu olhar de menina, sobre a vida daqueles que haviam atingido a idade vigorosa, ou seja, um amplo desenvolvimento em termos de experiência de vida. Imaginava como deveria ser bom delinear um percurso em busca de se tornar um ser autônomo, dono de sua vida, de suas vontades e, acima de tudo, destemido.

Era um tempo em que às crianças cabia um lugar de obediência irrestrita. Havia um silenciar sobre os mistérios da vida, nascimento, morte, desejo, sexualidade. A moral da época imprimia uma forma de interdição do sujeito no trato com seu próprio corpo. O corpo não devia ser tocado, não podia ser conhecido. Havia o risco do pecado. E, com ele, o castigo terreno e o divino. Mas, o que era o pecado? Como se prevenir quanto ao que não se tinha clareza?

Ela não tinha consciência quanto ao que se passava

em seu interior. Algo inquietante, sem nome e, ao mesmo tempo, marcante/pulsante em seu pequeno corpo. Seu corpo? Que corpo era aquele? A quem pertencia?

Como alcançar o não sabido com o silenciamento daqueles que aparentavam saber? Como enfrentar o peso da culpa e o horror do medo? Como existir sem transgredir? Eram tantas perguntas que as respostas ainda não cabiam dentro dela.

A menina que queria ser nunca desistia de buscar se desvencilhar das amarras que a aprisionavam a um estado de ignorância de quem era.

Talvez, houvesse um caminho a ser trilhado com sutileza, pensava ela, onde, nas entrelinhas, pudesse captar/construir um jeito próprio de modelar a matéria de que é feita a vida, ou seja, a memória, o pensamento, os sentimentos. E foi aí que ela começou a imaginar, a sonhar, a inventar. Ela foi percebendo que o pensar lhe permitia voar, se desprender daquela realidade crua, dura de enfrentar, e lhe dava autonomia para ser quem ela queria. Era, pois, um processo libertador. Mas, o que era a liberdade?

Mais instigante foi quando ela percebeu que muitas pessoas já conheciam essa trilha e contribuíam para o seu aprimoramento, através das coisas interessantes que escreviam ora em prosa, ora em poesia. Nessa ocasião, ela mergulhou no mundo encantado da leitura. Ali, não havia amarras, não havia limites. Podiam-se misturar memória, imaginação e realidade. A criação podia se dar. Então, a liberdade era possível!

Assim, foi se descobrindo como ser pensante e foi percebendo que as identidades das pessoas são frutos de construções imaginárias. Nossa vida é uma invenção da memória. Podemos reinventá-la a todo o momento. À brutalidade do mundo que nos engolfa, podemos responder com a poesia; ao egoísmo de uma sociedade desigual, podemos contrapor ações de partilha; ao medo que nos aprisiona, podemos fazer uso da determinação.

Ela descobriu também, que, ao dar corpo a seus sentimentos e pensamentos através da palavra oral e escrita e, através da narrativa de sua experiência, imprimia um modo de ação renovada ao seu existir.

Hoje, em seu despertar, essa menina viaja pelos rios da vida e homenageia Mia Couto, um de seus parceiros inspiradores, instigadores: "Agora ela sabia: um livro é uma canoa. [...] Tivesse livros e ela faria a travessia para o outro lado do mundo, para o outro lado de si mesma".

3

Viver é inventar-se

> A infância permanece em nós como
> um princípio de vida profunda,
> de vida sempre relacionada
> à possibilidade de recomeçar.
> [Gaston Bachelard]

A menina que queria ser precisava desesperadamente recolher-se ao seu porão e escrever sua história, depois, lê-la e assimilá-la. Assim, talvez, pudesse se sentir sendo um ela por inteiro. Quem sabe, alcançaria a compreensão de como foi se estruturando com tanta fragilidade, tanta sensibilidade. Dessa forma, até a teimosia, que era um traço forte seu, poderia ser entendida como um estilo de proteção. Ela precisava camuflar sua insegurança, esconder seus medos.

Então, construir à sua volta uma barreira de energia vibrante, teimosa, parecia ser uma boa estratégia. Guardada em sua redoma, ela estaria protegida. Será? Ali, encolhidinha, era uma solidão só. Um bichinho acuado que, ao ser importunado, reagia freneticamente. Nesse tempo, ela colecionava rótulos... pirracenta, malcriada, geniosa. Isso a deixava confusa. Ela era má?

A cada obstáculo, um esforço descomunal fazia-se necessário para não se deixar abater, não se diluir, não se fragmentar. Ela queria ser uma menina-gente. Como assim? Ah, ser forte, inteligente, bonita... ser boa, necessária, gostada, sem que necessitasse se esforçar tanto para garantir o olhar positivo dos outros sobre si. Ela precisava da garantia de ser amada.

Existir era muito difícil. Isso ela tinha certeza. Era preciso uma aprendizagem do viver. Quem lhe ensinaria isso? Ela não sabia, mas pensava, pensava, pensava... e continuava procurando um jeito de saber como aprender a existir. Só assim ela poderia chegar a ser. Ser gente, como sonhava.

Uma coisa fazia-se fundamental: sair da redoma. Mas como? Um mundo complexo, imperfeito e cruel é sempre assustador. Poderia ser esmagada por ele. Poderia ser diluída em seu caldo de insanidade. Coragem era o que ela não tinha. Certeza de proteção eterna era o que ela almejava.

Era preciso sair de seu casulo, mas de mansinho. Pisar com muito cuidado. Exercitar sutilezas, delicadezas, branduras. Encostar nas bordas dos segredos sutis que se escondem atrás da brutalidade dos fatos e espiar, espiar, espiar... lentamente, até captar um jeito próprio de entender melhor o mundo e, assim, quem sabe, poder entender-se, encontrar-se, chegar ao seu si mesma. Calar-se, esperar, escutar, cultivar o silêncio.

Viver é arriscar-se, agora ela sabia. Era preciso enfrentar o desamparo e fazer que, do espanto, um canal surgisse dando contorno a uma nova possibilidade de vida. Era, pois, preciso escrever a sua história e, com isso, inscrever-se em sua existência.

Escrever seria um ato de existência? Seria um meio de mostrar a sua história ou até mesmo de inventar uma história para si? Ela acreditava que sim.

Assim supondo, fez uma viagem no tempo. Uma viagem para trás, em seu passado mais longínquo, acreditando que descobrindo esse passado, ou melhor, descobrindo-se nesse passado, teria a chance de se encontrar no presente, quiçá, desfrutar de um futuro mais promissor. Precisava desvendar as ansiedades que movimentavam defesas em seu ser, sinalizando desejos reprimidos e lembranças enraizadas no corpo e na alma.

Então ela entendeu: viver é uma constante procura, uma busca insana. De quê? Ah, ela achou que era da possibilidade de encontrar um jeito próprio de inventar-se. É isso. Viver é inventar-se. Mas, como/quando saber se estamos prontos para essa invenção? Quanto a isso, era certo que não havia uma resposta única para todos, mas a menina que queria ser deixou que reverberassem em si as palavras de Clarice Lispector, "a procura dura o tempo de uma vida".

4
A magia da criação

Se podes olhar, vê.
Se podes ver, repara.
[José Saramago]

O novo nasce do não sabido, mas de alguma forma incrustado no âmago do artista que, assim, traz a chance de falar de sua verdade mais pura, mais tenra, mais sensível, sem que ele próprio saiba qual seja. Criar é criar-se. Dessa forma, quando o homem se deixa tocar por essa força interior que o transpassa, ele faz arte. Arte nascida do inquietante, turbulento e aflitivo estranhamento de seu ser. Arte como canal sublimatório para que o provisório equilíbrio possa se estabelecer.

A menina que queria ser assim pensava. Ela se interessava por literatura. Por uma literatura pensante. Uma literatura que pudesse pensar o impensável, tocar no imponderável. Então ela se perguntava o que move um artista a criar? Onde se localiza o núcleo fomentador de seu processo de criação? Era preciso aguçar o olhar e os sentidos para captar a essência desse processo em expressivos autores da arte literária. Assim, ela o fez.

Nesse âmbito, se nos detivermos em pequenos dizeres de homens e mulheres reconhecidos por suas produções artísticas, vamos apreender um quantum de dor, de aflição, ou até mesmo de perdição que parece se soltar de suas entranhas no momento da criação. Vejamos:

Ferreira Gullar, grande poeta contemporâneo, expressa-nos sua dor ao dizer: "a gente faz poesia porque a vida não basta".

Clarice Lispector, ao nos falar da dureza de seu processo de escrita, assim diz: "Não, não é fácil escrever. É duro como quebrar rochas. Mas, voam faíscas e lascas como aços espelhados."

Ricardo Ferraz dá-nos a dimensão de seu aprisionamento a uma condição aflitiva e de como faz uso de seu instrumento de arte como caminho de libertação: "Uma obra escrita é uma carta de alforria".

Manoel de Barros remete-nos ao seu vazio, ao nos expressar: "Meu fado é o de não saber quase tudo. Sobre o nada eu tenho profundidades".

Hilda Hilst mostra-nos sua perdição ao ser possuída por seu processo criador: "Sei nada dessa esquiva coisa entranhada no meu ser de dentro".

Entre muitos outros, Paul Auster, ao afirmar que "Escrever não é uma questão de liberdade, mas de sobrevivência", fala-nos de sua impossibilidade de existir sem esse canal de criação.

Então a menina se indagava: O que é arte? Que força é essa que precisa ser exorcizada pela dor, para se transfigurar em algo maior, que venha a dar sentido a existência do ser?

A arte, como movimento intenso que sacode o artista, quem sabe, o tritura, o possui, parece precisar trilhar nele aberturas possíveis para se fazer existir. Na letra da música de Caetano Veloso, *Força estranha*, a expressão desse sentir: "Por isso uma força me leva a cantar. Por isso essa força estranha. Por isso é que eu canto, não posso parar. Por isso essa voz tamanha". O artista é, pois, tomado por essa força criativa. Seu objeto de criação foge ao controle da razão, não é produto de um planejamento consciente que ele possa direcionar. Pertence a que parte de si? De onde advém a força da arte?

A psicanálise, há mais de um século, vem evidenciando o quanto somos vividos e falados por um outro que habita em nós. Assim, a arte, como linguagem do inconsciente, vem mostrando a riqueza do ser humano para além de sua razão. Pontuando que, no inacabamento do ser, na dor de sua castração, reside a força do desejo e que este, em sua potência, é capaz de remover o homem de sua condição de enraizamento e lançá-lo para um mais-além. Dessa forma, na busca aflitiva de se constituir, o homem, ao dar contorno à sua arte, estaria possibilitando a abertura de novos caminhos. Caminhos de transcendência, quiçá!

O vivo interesse sobre a arte e o inquietante olhar daquela menina sobre o enigmático processo da criação pareciam sinalizar que, em sua essência, ela era uma arte a ser descoberta.

5

O essencial do ser

> Deixa-te levar pela criança que foste.
>
> [José Saramago]

Essa história parece estar se adiando de seus fatos concretos. Por que seria? Ela estaria sendo inventada com cautela para parecer real? Ela precisaria disso? Se surge dos anseios de uma menina por se conhecer, de suas dores por uma existência nebulosa, então ela não poderia se deixar guiar por sensibilidades, por sentimentos, ou por sutilezas?

Na certa, ela poderia se permitir achar o seu próprio sentido no provisório da construção imaginária. Sim, aí é onde a enunciação se dá, onde está o essencial do ser, a sua verdade. Pouco importa se o que conta foi realmente vivido. O que vale mesmo é como o impacto de sua ilusão, de sua mentira ou mesmo seu delírio falam de seus fantasmas fundamentais.

Ela queria contar a sua história de forma solta, sem amarras. Mas, para isso, ela precisaria se valer das palavras.

A menina que queria ser precisaria agarrar as palavras, agarrar-se às palavras, grudá-las em seu corpo, ser com elas para, assim, poder sentir o escoamento de um excesso de sentido, de desejo, de violência ou de angústia. Um esvaziamento do grande "vazio" que a consumia. Assim, talvez, pudesse atingir sua plenitude com mais brandura. Era com isso que ela sonhava: um corpo de palavras pulsantes.

Sua matéria prima era a palavra. Precisava saber lidar com ela. Não de forma erudita. Ela deveria escolher palavras simples e arrumá-las, enlaçadas de tal forma que, se pudesse entrever um sentido oculto ou mesmo, quem sabe, um mistério, pudesse ir se desprendendo daquele emaranhado de letras. Ela pretendia que, através desse arranjo, sutilezas de si pudessem ser apreendidas.

Seria isso uma arte? Ela gostava de pensar que sim. Causava-lhe um espanto bom.

Palavras escritas hoje poderiam soltar de si sensações/sentimentos vividos por uma menina em tempos longínquos? Não, isso não parecia ser possível. Mas, ao mesmo tempo, era tão pulsante o movimento da escrita que ela se dava naturalmente. Ela fluía. O que se delineava era de uma clareza absurda. Não me peça para explicar. Eu não saberia. Mas, uma coisa era certa: essa menina ainda vivia. Ela não desistira de crescer, de se saber, de ser...

Agora, a gravidade de sua dor oscilava para uma leveza desejada. Havia esperança. Ela guardava sem alarde a memória de seu sofrimento e continuava à procura de sua verdade, sem certezas, mas com um enorme desejo de recomeçar incessantemente.

Uma coisa se fazia clara nesse momento. Essa história não teria uma arrumação prévia para ser contada. Ela iria nascendo a partir do que a menina conseguisse se lembrar, ou, até mesmo, inventar para dar mais dignidade aos fatos. Ou seriam atos? Não importa. A partir de então, a menina que queria ser deixou voarem os seus pensamentos...

6

Um quê de tristeza

> Quando é verdadeiro, quando nasce
> da necessidade de dizer,
> a voz humana não encontra quem
> a detenha...
> Todos temos algo a dizer aos outros,
> alguma coisa, alguma palavra que
> merece ser celebrada ou perdoada
> pelos demais.
>
> [Eduardo Galeano]

Havia na mãe algo indecifrável. Ao mesmo tempo em que ela era completamente indispensável naquela casa, o seu esteio, a sua estrutura, pairava no ar algo da ordem do trágico, como se a qualquer momento tudo pudesse ruir. Extremamente zelosa de seus filhos, cuidava para que nada lhes faltasse, alimentos saudáveis, garantia e acompanhamento de seus estudos, cuidados com o corpo e a saúde. Presença marcante, vinte e quatro horas diárias. A mãe raramente saía de casa, só mesmo quando era por extrema necessidade e, ainda assim, se fazia acompanhar de um dos filhos mais velhos.

Aquilo intrigava a menina. O que se ocultava atrás da aparente fortaleza daquela mãe? Por que ela se irritava com frequência, como se estivesse zangada com a vida? Por que era tão rigorosa com o comportamento dos filhos? Por que não admitia ser questionada e impunha sua autoridade inquebrantável de mãe? Por que reclamava tanto do pai, mas não tomava nenhuma decisão que pudesse dar conta de resolver os conflitos suscitados?

Ela era uma pessoa solitária. Não tinha amigos. Relacionava-se com um ou outro vizinho e com alguns parentes, quando a visitavam. Quando lhe convinha, fazia da menina sua confidente, reclamava do pai, apontava-lhe os defeitos, mas quando a menina começava a se posicionar, "cortava-lhe as asinhas". Isso deixava a menina completamente confusa. Nessa hora, sentia mesmo raiva da mãe. Parecia-lhe uma mulher submetida à vida que escolhera. Escolhera?

Uma coisa era certa. A menina que queria ser não escolheria essa vida para ela. Queria estudar, ter a sua profissão, se casar com quem quisesse e ser dona de sua vida. Nunca se submeteria a alguém.

Outras vezes, sentia mesmo era pena da mãe. Havia nela um quê de tristeza que não permitia entusiasmar-se com momentos que poderiam ser gratificantes: uma reunião em família, uma viagem à festa de sua terra natal, enfim, ela não conseguia se planejar para um evento de conotação festiva, de brinde à vida. Nessa contingência, dizia "não sei se estarei viva, nessa data, como posso resolver agora?" Isso era tenebroso. Às vezes, a menina tinha medo de que a onda de tristeza que pairava sobre a mãe a engolfasse também.

Aos olhos daquela menina, a mãe parecia aprisionada a uma situação de medo e, acomodada a esse torpor, deixava que seus fantasmas sacrificassem sua possível escolha de uma vida mais vibrante, em que seu desejo se impusesse a favor de um existir com claridade e alegria.

Muitos conflitos foram se estabelecendo entre a menina e a mãe. A menina não se deixava submeter à autoridade desmedida que a mãe tentava exercer sobre ela, em que tudo era censurado. Ela foi percebendo que esse modo de agir da mãe vinha de sua fragilidade e não de um jeito sábio e experiente de exercer a maternidade. Então ela transgredia, questionava o estabelecido, sem fundamento, no seu entender. E isso a afastava do afeto que ela tanto ansiava dessa mãe.

Começou a sentir certa hostilidade para com ela. Isso seria possível? Na certa que não. Mas essa era a sensação que impregnava o ser daquela menina. A mãe era incapaz de elogiá-la. Por mais que ela estudasse e conquistasse prêmios na escola, a mãe simplesmente a rotulava: "ela é esforçada". Por mais que ela correspondesse às atribuições que lhe eram passadas, isso era somente sua obrigação. Não havia como crescer diante do olhar da mãe. Ela era seca. Não amava sua menina?

Por um tempo, essa menina se recolheu a um mundo que ela construía com pensamentos e sonhos, um lugar para onde ela se retirava quando a tristeza apertava e seu vazio de existir teimava em se expandir. Ali, ela buscava encontrar sentido ou, quem sabe, inventar um sentido para a sua vida que não podia ser desperdiçada, assim pensava ela. Ali, em seu esconderijo secreto, sensações que lhe eram extremamente desconfortáveis de medo, insegurança, raiva, culpa, ao se emaranharem com afeto e desejo, instigavam aquela menina a enfrentar o assombro de seu desamparo e construir um jeito possível de alcançar uma sensação fina de vida, ou seja, uma delicadeza de existir diante dos mistérios a que somos todos submetidos.

Com o passar dos anos, uma coisa foi se fazendo clara: era preciso se aproximar da mãe, se apaziguar com ela, como possibilidade de entender os seus enigmas e, assim, ter a chance de entender-se. Quem sabe?

Então, a menina, agora presente num corpo adulto, escreveu para a sua mãe uma enorme carta, pautada cuidadosamente na simplicidade de seu sentir. Uma carta de puro afeto, de muitas fragilidades e de um enorme desejo confesso de nunca ter aberto mão de conquistar o seu amor. Ela dizia que, na verdade, lá no fundo de seu ser, sabia que a mãe a amava, mas não conseguia entender o porquê daquele jeito, de não poder expressar esse amor com toques de carinho, com elogios, com expressões de alegria e orgulho pelos progressos seus. Por que celebrar a vida era tão difícil para a mãe? Isso ela não conseguia entender.

Foi aí que a mãe soltou de si a sua própria menina e mostrou para a menina que queria ser uns escritos seus, que ela guardava a sete chaves. Chamava-se "A vida de muitas vidas". Ali estava a história da vida de seus antepassados e a sua própria história, desde os primórdios da infância. Assim, a menina tomou contato com a realidade da vida da mãe, seu sofrimento de existir, seus lutos pouco elaborados, sua tristeza, que passara a ser invólucro de sua dor silenciada.

Agora, dava para compreender o quanto a mãe vivia grudada à perda de sua própria mãe, como garantia de tê-la junto de si, talvez para se fazer existir. Era através da dor que a mãe se aproximava de sua própria mãe. Era na dor que ela se sentia amada. Sentir alegria, vibrar com os bons momentos da vida, seria trair o amor materno? Seria perdê-lo para sempre? Seria perder-se? Assim, aos olhos da menina que queria ser, pareciam configurar-se os anseios de sua mãe. Avó, mãe, filha, uma genealogia que não queria se calar.

Para não se perder do amor materno, a mãe da menina expressava o seu afeto, a partir da dor e do sofrimento. Ela se alimentava do vazio que a falta lhe trazia. E esse era o jeito que ela sabia ensinar à filha sobre a vida e o amor. Mais que isso, era a forma de amor que ela podia dedicar à sua filha.

7

Um talismã

> Todos os objetos, desde que se libere seu sentido simbólico, tornam-se espelhos aumentadores de sensibilidade! Nada mais no universo é indiferente, desde que se conceda a cada coisa a sua profundeza.
>
> [Gaston Bachelard]

O pai era bonito, vaidoso, sabia se cuidar. Tinha mãos delicadas. Aquelas não eram mãos de trabalho bruto, combinavam mais com folhear papéis, escrever, se perder em páginas e páginas de livros.

Ele gostava de ler. Tinha uma estante de livros com várias coleções de capa dura, com inscrições douradas. Eram livros que contavam histórias de lugares e povos, tudo muito distante de onde a menina vivia. Ela também folheava aqueles livros, mas achava quase impossível ler o emaranhado de letrinhas que se condensavam em suas páginas. Nesse tempo, se dedicava a observar as gravuras. Muitas delas, soube mais tarde, eram obras de arte de clássicos da pintura, da escultura, da arquitetura. Tudo muito interessante. Às vezes, até meio assustador.

A menina sentia que precisava de auxílio para entrar no mundo da leitura, uma espécie de iniciação, estímulo, desafio. Ela sentia, pois o pai não sabia ajudá-la. Apenas lia. Não lia para a menina. Lia para si mesmo, para seus estudos, seu trabalho, talvez. Ela teria que descobrir esse caminho, sozinha. Já estava acostumada à solidão, do tempo em que habitava o seu casulo. Então, estudava, estudava, estudava.

E ficava feliz quando o pai a reconhecia como estudiosa

e fazia projeções para o seu futuro: ser sua secretária ou professora do curso ginasial. Com seus estudos, teria também que adquirir um bom domínio da língua portuguesa, ou seja, saber escrever bem, se expressar bem.

Ah, ela se esqueceu de dizer! O pai, nessa época, cursava Direito. Seria advogado. Ele se expressava muito bem. Nas reuniões de família ou de amigos, gostava de fazer discursos, sempre de improviso. A menina ficava maravilhada, como ele sabia tanta coisa! Era bonito de se ouvir o que ele falava.

Na verdade, lá dentro do escondidinho de seu ser, o que ela sentia mesmo era um enorme desejo de ter a atenção desse pai. O caminho então era esse, estudar. Assim, ela se aproximaria do pai, ou melhor, conseguiria que o olhar dele se voltasse para ela. Era preciso garantir esse amor. Mais que isso, era preciso garantir-se nesse amor.

A pessoa do pai era fundamental na vida daquela menina amedrontada pelo peso de sua existência. Junto dele, parecia que tudo ficava mais leve. Como se ele soubesse existir com leveza. Parecia que nada o abalava. Ele era polido, não gritava, não esconjurava, não castigava os filhos. Pena era que ficasse tão pouco tempo em casa.

Uma coisa boa de se lembrar era a expressão de afeto desse pai para com seus "filhotes" – ele os chamava de apelidos carinhosos, os abraçava e beijava. Não era sisudo como a maioria dos pais daquela época. E as guloseimas permitidas quando os levava para passear? Ah, naqueles momentos, o temor se desprendia da menina e ela sentia que a vida era realmente bela.

Essa menina descobriu que trazia em si, depois de décadas de existência, a pregnância de um momento de extrema felicidade, vivido por ocasião de um Natal, quando tinha onze anos. Ela ganhou uma máquina de escrever Olivette – letera 22, um verdadeiro talismã! Uma joia delicada da qual nunca se separou. Com ela, passava horas e horas perdida em seus pensamentos e sonhos. Com ela, dividia alegrias e tristezas que tomavam formas de textos, magicamente delineados por teclas macias, que seus dedos iam acariciando. Com ela, também, organizava os trabalhos escolares, cada vez mais elogiados. Era como um amuleto que a fortalecia, dando certa dignidade ao seu existir.

Ao reviver, hoje, o êxtase sentido naquele momento, ela pode perceber o quanto o pai era sintonizado com a sua essência. Ele acertara em cheio. Nenhum outro presente a fizera mais feliz. Nenhum outro presente a aproximara mais desse pai. Nenhum outro traduzira melhor a sintonia fina do vínculo de amor que os unia: a palavra filha com a palavra pai.

PARTE 2

8

Clio

> A verdade é sempre um contato interior e inexplicável.
>
> A minha vida, a mais verdadeira, é irreconhecível, extremamente interior, e não tem uma só palavra que a signifique.
>
> [Clarice Lispector]

Agora, é chegada a hora de apresentar-lhes a protagonista dessa história. A menina que queria ser tem iminência de existir na primeira pessoa. Ela quer tomar as rédeas de sua vida e registrar sua história, que tem sido puro sentir e pensar. Ela quer deixar de ser narrada pelo outro e tomar a si a sua voz. Ser a autora de sua vida.

Então, que assim seja! Eu lhe darei a palavra, menina. Mas, não se esqueça que essa história está sendo inventada por mim. Você é uma criação do meu pensamento. Essa é a minha obra de arte. Não abro mão de sua autoria, mas aceito o desafio de dar-lhe vida, menina, para podermos, juntas, imprimir mais veracidade a essa criação.

Que venha, pois, a sua palavra!

Em homenagem a uma das musas da arte, na mitologia grega, a mim foi dado o nome de Clio. Sempre soube que foi escolha de minha mãe. Um nome sutil e delicado, como eu própria sou. Mas, o que mais me agrada nesse nome é sua vinculação com a arte e o que ela me traz como possibilidade de criação, como espaço para o surgimento do novo, daquilo que precisa ser descoberto. Em se tratando da menina que sou, isso me remete à arte do encontro comigo mesma e com o outro, e à possibilidade de invenção de um novo jeito de ser.

Sou miúda, de pele bem alvinha e tenho cabelos castanhos e lisos como cordinhas de viola, sempre penteados em duas tranças que teimam em não segurar os laços de fita. Na história de João e Maria, eram as migalhas de pão que indicavam o caminho de volta, na minha, eram os laços que denunciavam o meu trajeto. Aparentemente, sou tranquila, uma criança que não dá trabalho. Mas, por dentro, no interior do avesso de mim, sou uma ebulição de pensamentos, sentimentos e sensações. Se, por fora, não dou trabalho aos outros, por dentro, me dou muito trabalho. Como gosto de pensar! Imaginar como seriam as coisas, se não fossem como as vejo ou sinto. Observar tudo à minha volta e ir percebendo como as pessoas agem e se expressam. Os sonhos noturnos não me satisfazem, preciso devanear, alcançar um algo que não sei explicar o que é, mas que me faz falta. Tenho urgência de desvendar o enigma que sinto que sou. Vou lhes contar um segredo: o mundo me assusta. Sinto medo.

Esse texto é uma explosão de mim. Eu o inventei para ruir a argamassa que pesadamente me envolvia, a ponto de quase não me deixar respirar. Das fendas surgidas, impressionantes sussurros se fizeram ouvir. Então, essa sonoridade pôde ir se transfigurando no mais verdadeiro de meu ser, na minha verdade interior que nenhuma palavra, até aquele momento, conseguira significar. Estou nascendo de novo?

Minha existência é vaga e delicada. Eu sou um mistério para mim. Sou feita de silêncios e sensações. Sou pulsação. Sou desejo. Eu vivo. Mas isso não me basta. Tenho necessidade de saber quem eu sou. O humano que pulsa em mim me dá a dimensão de minha incompletude, minha fragilidade, meu desamparo. Algo falta em mim e isso me impulsiona à busca. Então, percebo o quanto a liberdade e a insegurança estão perigosamente próximas. Ir ao encontro do novo é trilhar caminhos inesperados. E isso é muito assustador. Mas não há como recuar. Há sempre um perigo rondando a vida, no entanto, ainda, assim, é preciso atravessá-la, é preciso construir possibilidades outras para o enfrentamento de uma existência possível. É preciso implicar-se nessa trajetória e ir aprendendo a viver durante a travessia.

Assim, é que pretendo resgatar a minha história, embora não faça a menor ideia de como isso se dará. Preciso deixar nesse registro o desejo de que sensibilidades, delicadezas e sutilezas do ato de existir ultrapassem as palavras empregadas, porque é da criação de uma pessoa-gente – de uma pessoa que se faz por seus desejos, por seus sentimentos e ânsias – que essa narrativa quer tratar.

Penso que minha dor por existir precisa escoar por caminhos de criação. Isso seria arte? Se, assim o for, de que tipo de arte eu poderia me valer na intenção de me traduzir? Fico imaginando palavras... mas, palavras com alma, que possam desvelar a minha experiência de ser gente, que possam dar significado às indizíveis sensações sentidas por mim.

Através desse canal, quem sabe, uma prosa poética possa se instaurar como possibilidade de reencontro de um tempo que, apesar de obscuro na memória, sempre esteve presente na dor inominável do meu existir.

Na verdade, seria mais que um reencontro, uma vez que não visaria apenas uma reconciliação com o passado, mas a abertura a um novo estado de ser, construído por mim com palavras-vida, palavras-sensação, palavras-prazer...

Talvez, assim, na delicadeza dessa forma, a dor escoada pudesse fazer ecoar uma nova estética para a minha existência.

O desejo de saber sobre o mundo que me cerca, de me saber, de me transformar num ser melhor e de poder ficar de frente para a minha própria história, me faz intuir que, com essa apropriação, eu possa me permitir uma metamorfose, um novo nascimento. Eu possa existir de verdade, imprimindo autoria ao meu viver. Porque vida é processo que se vai construindo em devir. Vida é feita de mudanças e de surpresas. O mundo inteiro é composto de mudança. Aí reside a sua beleza e a sua grandeza.

Nesse momento em que vou dando contorno a esse texto de minha vida, uma enorme solidão me acompanha. Por mais absurda que possa parecer, essa é a condição para a escrita se produzir em mim. E, ao deixar a solidão me invadir, descubro que escrever era o que eu realmente precisava fazer. Escrevendo eu tenho a possibilidade de habitar a minha vida, de encantá-la e de me encantar com esse ato.

As palavras salvam a minha vida, as palavras me fazem companhia na solidão. Através delas, posso ser livre, porque posso começar qualquer coisa, de novo.

9

As almas das palavras

> Quando deixamos nossa essência
> transbordar pelas palavras,
> conseguimos promover o encontro.
> [Ana Holanda]

Clio, a menina que queria ser, buscava uma sintonia perfeita entre seus delírios criativos, sua reflexão sobre a existência do ser humano e sua arte, ingredientes fundamentais para dar sabor a seus escritos. Ela gostaria mesmo é de poder registrar algumas imagens presentes em sua mente nos momentos de criação. Ah, isso seria maravilhoso! Daria ao leitor a possibilidade de entrar em sua história da mesma forma vibrante sentida por ela.

Para tal, as palavras escolhidas precisariam expressar dons de sensibilidade poética, musical e mesmo vídeo-cinematográfica. Era isso. Elas precisariam dar vida e movimento a cenas que tivessem o poder do convencimento de sua verdade. Assim, seria perfeito. As palavras se soltariam de seus traços gráficos, transgrediriam essa condição e se libertariam em sons, ritmos e silêncios. Só dessa forma poderiam comunicar o que essa menina talentosa queria mostrar.

Mas, isso seria possível?, perguntava-se a menina. Como mergulhar as palavras num universo polifônico? Como fazê-las dar vida às coisas adivinhadas e ruminadas por aquela menina?

Ela queria acreditar que uma palavra poética teria o poder de nos enviar aos acontecimentos originais, ao tempo dos começos. Uma vez pronunciada/escrita, ela se converteria em potência e se presentificaria como possibilidade de ação renovada. Traria, assim, o dom de eternizar o essencial de um ser.

Clio imaginava que teria que chegar à alma das palavras. Sim. Palavras também tinham alma, no seu entender. E a alma das palavras que ela escolheria deveria estar em algum lugar dentro dela mesma, assim pensava.

Então, era parar e se ouvir. Adentrar sua caverna sensorial, morada das palavras sutis, e se deixar levar. Ir ao encontro da imensidão de seu vazio, de sua solidão e deixar a escrita brotar, sem se preocupar em conduzir o texto com racionalidade. Dessa forma, ela entendia que se achar sem assunto, sem a menor ideia sobre o que escrever, era dar-se a chance de se achar a si mesma, se descobrir.

Assim foi que a protagonista dessa história resolveu ficar diante de uma folha de papel em branco, com uma lapiseira em punho e, mesmo sem saber por onde começar, fixou o olhar na simplicidade daquele espaço vazio à sua frente e determinou: escreva.

Com isso, descobriu que, quando escolhemos palavras com dons de sensibilidade, corre-se o risco do sofrimento, mas também descortina-se a possibilidade de uma imensa felicidade no ato de escrever. Nesse momento, uma emoção súbita a possuiu. Era o instante de um alumbramento. E o texto começou a escrever-se a si mesmo.

Originalmente, ela queria escrever a sua história. A ideia era escrever sobre fatos importantes que a marcaram, mas não foi isso o que se deu. A invenção se impôs em seu caminho e foram surgindo histórias que soavam verdadeiras. Que eram mais reais que as realmente vividas.

As palavras tomaram força, se vivificaram e começaram a brotar de forma esfuziante, dando àquela menina a sensação de estarem a seu serviço, de serem conduzidas por elas e não a de serem sua condutora. Ela passou a experienciar uma espécie de perdição de si, ao mesmo tempo em que experimentava uma sensação de êxtase por uma criação que nascia do mais íntimo de seu ser.

Nesse instante, me aproximei de Clio e lhe falei:

– Achei que, talvez, você quisesse escrever um livro. Você, com certeza, sabe escrever. Você escreve bem.

Então ela me revelou um segredo:

– Não sei se eu poderia fazer isso. Mas, se algum dia eu escrever alguma coisa, gostaria não só de mostrar a alguém, de ser lida por alguém, mas de que as palavras escolhidas e arrumadas por mim para registrar uma história pudessem provocar no outro ressonâncias de sua própria vida. Possibilitar-lhe reescrever o texto lido dentro do texto de sua vida. E, quem sabe, despertar-lhe vozes adormecidas.

10

Uma palavra boa

> Uma palavra boa, não de fazer literatura, mas de habitar fundo o coração do pensamento.
>
> [Chico Buarque]

Ao reler o que escrevi até esse ponto, me dei conta de algo extremamente interessante. É sobre a palavra gente, que aqui emprego para definir uma pessoa realizada, satisfeita consigo mesma, ciente do potencial que sua condição humana lhe possibilita; ou seja, alguém que faz da realização de seus desejos o caminho para que a existência possível seja eivada de dinamismo, serenidade, amor e alegria, tudo ao mesmo tempo, enlaçado num grande abraço. De onde tirei tudo isso?

Curiosamente, fui ao clássico dicionário de nossa língua e percebi que, de uma forma ampla, a palavra gente traz o sentido de algo indeterminado, assim como ser humano, povo, pessoa, alguém. Mas, para mim, não é só isso. Essa é uma daquelas palavras que têm o dom de acariciar, de acolher, de alegrar. É uma palavra que agrega valor, importância, que traz a sensação de pertencimento. Por que será?

Nunca havia pensado antes de que baú das minhas memórias eu retirei essa palavra, atribuindo-lhe nova dignidade. Só agora me veio à lembrança que essa era uma palavrinha mágica, incorporada ao vocabulário de meu pai, e que transpirava afeto e alegria, quando ele a direcionava a seus entes queridos: "Como minha princesa está linda, gente!", "Gente, vamos preparar esse assado com tal tempero?", "Olha a festa aí, minha gente!", "Gente, essa filhotinha do pai está cada dia mais esperta!".

Ela era pronunciada em vários tons, ora com uma delica-

deza que trazia conotação de amor e desejo de compartilhar afeto, ora com uma esfuziante explosão de alegria, que convocava a um brinde pela nossa família, pela nossa vida. Ora, ainda, expressando grande satisfação por ter no outro um amor que completava a sua existência.

Estou pensando agora, que fantástica é a nossa capacidade de nos inscrevermos na vida com peculiaridades singulares, que só nós sentimos a significância! Que poder têm as palavras, integradas de sensibilidade, de nos enlevar e elevar, enquanto criaturas humanas! Como uma simples palavrinha pode ter certa pregnância em nosso modo de existir, contendo-nos e iluminando-nos ao mesmo tempo!

Para mim, a expressão gente é sentida como um jorro de energia amorosa, quase uma explosão de vida!

Relembrar a magia desses instantes vividos e sentir a sensação de alegria, de acolhimento e de afeto que me envolvia nesse tempo, me fez recordar um momento longínquo, onde eu, menina bem pequena, ainda perdida entre os livros das estantes de meu pai, sonhava em ser iniciada nos mistérios contidos ali, para poder desfrutar de um sentimento bom de felicidade. Naquele momento, eu considerava que meu pai não sabia fazer isso. Agora, eu sei que ele sabia. Sabia, sim. E, sabia de um jeito tão peculiar, tão simples e verdadeiro que me fazia sentir como se dona daqueles livros, com total liberdade para manuseá-los e, assim, poder fazer a travessia para novos mundos.

Gente, que sentimento gostoso essa lembrança me traz!

11

Os primórdios da escola – uma catástrofe

> Querer e capturar o acontecimento, tornar-se o filho de seus próprios acontecimentos e por aí renascer, refazer para si mesmo um nascimento.
>
> [Gilles Deleuze]

O momento encantado chegou. Agora, eu iria para a escola. Desvendaria o mistério das letras, aprenderia a ler e a escrever. Poderia escrever os meus pensamentos. A felicidade teimava em não caber dentro de mim. Não via a hora de amanhecer para poder, feito um passarinho, levantar voo em direção a esse novo ninho.

Era uma escola grande que ficava no alto de uma colina. Atravessavam-se uma avenida asfaltada e duas ruas calçadas, com paralelepípedos, todas de trânsito intenso de lotações, automóveis e caminhões. Havia ainda uma linha férrea a ser transposta com todo o cuidado.

Tudo foi muito bem explicado pela mãe, que ficava em casa com os irmãos menores. Eu, com seis para sete anos, seria conduzida pelo meu irmão, um ano mais velho, a quem deveria obedecer. Deveríamos andar sempre juntos e não falar com ninguém na rua. O pai nos acompanhou nos primeiros dias, para garantir que aprendêssemos o caminho.

Assim, fomos lançados a essa primeira aventura de desbravar o mundo.

Desse tempo, guardo o cheiro gostoso da cartilha e dos cadernos novos, encapados com papel de seda verde, com meu nome na capa. Que carinho eu tinha com esse material! Era o meu tesouro. Aliás, esse era o nome da cartilha e dos livros que se seguiram, nos anos vindouros. Esse material escolar era acomodado numa pequena maleta muito graciosa, de um vermelho quase vinho, que tinha um fecho de metal prateado, cujo clique delicado soa até hoje em meus ouvidos. A merenda, sempre levada de casa, consistia, no mais das vezes, em um pedaço de pão com manteiga, envolvido por um guardanapo de pano, do enxoval de casamento de minha mãe. Ah, que cheirinho delicioso, quando aquela maleta era aberta!

Mas nem tudo seriam flores nesse início da caminhada. Embora eu estivesse completamente apaixonada pela possibilidade do aprendizado, faltava àquela escola certa candura no trato com as crianças. E isso me deixava muito amedrontada. Sobre a mesa da professora, havia uma enorme régua de madeira, que era acionada a qualquer desagrado com os ruídos das crianças e, principalmente, quando alguém não recitava a lição – leitura da cartilha – corretamente. Por mais que eu estudasse em casa, havia sempre a possibilidade de gaguejar ou mesmo travar diante do pavor que aquela figura me causava.

Nessa época, a professora era chamada de Dona. Então, minha primeira professora foi a Dona Dirce. Ela era uma moça bem jovem, de cabelos claros com uns cachos nas pontas, que ela trazia sempre bem penteados. Poderia até ser considerada bonita, não fosse o semblante sempre fechado e a forma brusca de se dirigir aos pequenos alunos. Não havia riso. Não havia carinho. Só obrigação e ameaça. Diante de qualquer pequeno deslize, era o castigo, que variava em ficar virado para a parede, de pé ou de joelhos, levar "bolos" com a régua nas mãos, ou ter que se dirigir à secretaria e se apresentar ao diretor, Seu João. Ai, os "bolos" eram com a palmatória. Um objeto estranhíssimo, feito de madeira grossa, com uma parte arredondada em uma das extremidades, que continha uns orifícios. Esse objeto tinha a única finalidade de bater nas palmas das mãos das crianças. Uma verdadeira tortura naturalizada como forma exemplar de educação àquela época.

A pessoa de Seu João impunha medo. Parece que essa era a sua função principal. Ele era um homem enorme e forte. Ou gordo? Não sei bem explicar, eu me esquivava de olhá-lo, para evitar sentir o pavor que sua presença me causava. Parecia um alemão com a pele muito branca e o nariz avermelhado, que brilhava ao sol, quando nos colocava em formação para cantarmos o Hino Nacional. Ali, à sua frente, era como se um batalhão do exército estivesse sendo preparado para uma batalha truculenta. Naquele momento, parece que o mundo parava. O silêncio à volta era total. Nem o zumbido de uma mosca ou o piar de um passarinho se apresentavam. Será que eles também tinham medo?

Então, nesse tempo inicial de minha incursão na escola, aconteceu um dos episódios mais traumáticos que enfrentei em toda a minha vida.

Certo dia, não cheguei com a cartilha em casa e fiquei desnorteada por não conseguir estudar a lição. Minha mãe me incumbiu de falar com a professora e ver se não teria ficado com ela ou lá na escola. Dona Dirce disse-me não saber da cartilha e que eu deveria achá-la o quanto antes, sob a pena de ser encaminhada à secretaria. Voltei pra casa aos prantos, minha mãe me falou que não teria condição de comprar outra cartilha e que eu deveria falar com o Seu João que minha cartilha tinha sido roubada, lá na escola.

No dia seguinte, sentido por mim como o "dia do martírio", num dado momento, Seu João foi à minha sala de aula dar algum recado. Levantei-me – não me pergunte com que força –, dirigi-me a ele, que estava à frente da turma e, com um "fiapo" de voz, disse-lhe:

– Seu João, minha mãe mandou dizer que roubaram a minha cartilha...

De imediato, Seu João soltou um berro:

– Em minha escola não há ladrão!!!

Meu estremecimento foi tão forte que, num instante, uma poça de urina se formou ao redor de meus pequenos pés. E, ali, exposta aos olhos de todos, senti vontade de que um buraco se abrisse e eu pudesse sumir daquele lugar, para sempre.

Lembro-me ainda, que o acompanhei até a secretaria, e uma cartilha foi providenciada para mim. Não sei se foi a minha, ou uma nova, ou outra qualquer. Aliás, não me lembro de nenhum outro dia de aula nessa turma.

Esse episódio me trouxe a dimensão do desamparo vivenciado por mim, naqueles tempos. Muitos anos depois, eu ainda sentia incrustado em meu ser um medo difuso, cinzento e amplo, diante de autoridades, em qualquer âmbito. Levei alguns anos para ultrapassar as barreiras da opressão sentida e me destacar nos estudos.

Hoje, ao pensar sobre isso, vejo que recorri ao devaneio poético como estratégia de proteção. Há no devaneio uma poética necessária, fundamental para nos fazer suportar o prosaico da vida real. O devaneio nos faz conhecer uma linguagem sem censura. No devaneio solitário podemos dizer tudo a nós mesmos, podemos alçar voo. Assim, uma coisa que aprendi foi não permitir que nenhuma limitação da vida viesse a interditar os meus sonhos. Aprendi também a não deixar que a poeira da banalidade do cotidiano abafasse o que havia de encantamento e magia em meu desejo de me fazer existir. Sim. Porque a existência, nós não a ganhamos pronta. Temos o desafio de construí-la, continuamente, mediante o uso de nossa liberdade, diante dos enfrentamentos e intimidações do real.

12

Enfrentando Lembranças

> Não importa o que os outros fazem da gente, mas o que a gente faz do que os outros fazem da gente.
> [Jean-Paul Sartre]

De que somos feitos nós?

Nosso corpo nos traz a identidade da aparência com que aprendemos a conviver desde a mais tenra infância. Temos esse registro de nós bem presente na memória, em vários momentos de nossa vida, tanto que nos reconhecemos nas velhas fotos da infância, adolescência, juventude, sem nenhuma estranheza: somos nós.

Mas, e o nosso lado de dentro? Em que momento ele começa a surgir? Que fatos marcam nossa lembrança, permitindo-nos alinhavar um roteiro onde visualizamos o filme de nossa história, o processo de construção de nossa essência?

O desejo de registrar a compreensão de mim mesma chega após assistir a um filme onde o protagonista principal, nascido numa minúscula cidade no interior da Itália, ainda bem pequeno, demonstra profundo encantamento pela arte cinematográfica, ao aproximar-se do projecionista do único cinema local. Através dessa paixão, ele descortina o mundo e se descortina a si.

Então me permito uma viagem de retorno ao tempo em que tinha seis anos. Uma cidade longínqua, uma rua de terra batida, uma casa ao alto e um número, 252, em posição inclinada, fixado na pilastra da varanda.

Duzentos e cinquenta e dois é, para mim, mais que um número. É a chave do baú de lembranças, onde guardo a alquimia da construção de minha pessoa. Abri-lo me faz chorar de emoção, de saudade, de encantamento. É a possibilidade de desvendar os mistérios da magia que me constituiu no que hoje sou.

Eu, tão frágil e pequenina. Os problemas da família tão sérios, tão difíceis de serem enfrentados. Eu, tão curiosa e sensível às coisas do mundo, tão desejosa de desvendar o desconhecido. O cotidiano à minha volta, tão cheio de si mesmo.

Eu, tão cheia de sonhos, querendo me enfiar nas estrelas e desnudar o céu. O meu entorno, tão feito de chão, muitas vezes duro de pisar.

Eu, tão ingênua e simples, ansiando viver a liberdade sentida como um caminho natural a ser percorrido. Os preconceitos da época, sempre colocados de forma a obstruir essa passagem.

Eu, tão resistente a me deixar vencer por tantos obstáculos e tão temerosa de não ter forças para me contrapor à ação domesticadora entendida como ideal de educação, à época.

Hoje, retornar àquele tempo é ver uma menina miúda, sempre às voltas com seus pensamentos: Como serei aos cinquenta anos? Esse nome, Clio, vai combinar com uma mulher dessa idade? Por que tenho que calar ao levar umas chineladas, se sinto dor e raiva e preciso expressá-las? Por que os adultos são tão autoritários com as crianças, amedrontando-as com seus poderes? Por que os adultos parecem não confiar na verdade das crianças? Será que os adultos sabem que as crianças pensam sobre as coisas que se passam à sua volta? Será que eles percebem que elas identificam neles comportamentos inadequados?

Pensar sobre tudo isso leva-me a identificar a atmosfera de opressão que respirei na primeira infância e que foi me deixando marcas de medo e insegurança de tal profundidade, que talvez, por um mecanismo de defesa, me impulsionaram à construção de um suporte para minha estrutura interior.

Assim, enveredei pelo mundo das ideias. O ambiente de estudos me transportava para outro mundo. Um mundo onde eu transitava com mais leveza. Um mundo que me instigava, que respondia aos meus anseios, que me fascinava, *me permitia sonhar, transgredir, transpor as barreiras do tempo e do espaço que me acorrentavam. Um mundo onde eu me encontrava em permanente diálogo com o outro, comungando com suas ideias ou me contrapondo a elas, mas sempre livre para pensar.*

Assim, me tornei adulta na ânsia da eterna busca pela construção/reconstrução do conhecimento do mundo, do outro e de mim mesma.

Hoje, ao retornar também àquele espaço físico, vejo que apenas duas coisas permanecem como meus olhos infantis registraram: o portão de ferro que dá para a rua e o número 252 fixado na parede de frente da casa.

O portão, hoje aberto, sem o trinco que a ferrugem se encarregou de tirar, me convida a entrar, o que faço com muita emoção. Já não representa mais o empecilho dos tempos passados. Sem trancas, não aprisiona mais. É para mim a metáfora de meu crescimento, o portal por onde saí para buscar conhecer o mundo e a mim mesma.

Quanto ao número 252, ele está lá, tal e qual nos tempos de minha infância. Incrustado à parede, parece que busca o meu olhar, na intenção de me auxiliar a desobstruir a cegueira e me permitir olhar e ver o verdadeiro significado daquele espaço em minha constituição como ser humano.

Casulo, ninho, berço de minha primeira infância. Local de encontro da família. Do aconchego, da segurança, do alimento. De alegrias e tristezas. De dores e prazeres. De medos e incertezas. De vivência da diversidade no convívio com pai, mãe e três irmãos. Local do exemplo de vida. Do nascimento da minha vida. Não a da aparência, mas a da essência.

Enfrentar essas lembranças me traz dores, mas também a clareza de que toda a força que me impulsionou a buscar meios para a constante reconstrução de meu caminhar foi gerada no número 252, de uma rua de terra batida, numa cidade longínqua, num pontinho desse imenso universo que nos acolhe.

13
O retorno à casa da infância

> Os objetos-lembranças
> colocam o passado
> em ordem.
> [Gaston Bachelard]

Certo dia, tive vontade de ir lá. Não em pensamento, pois dessa forma, acho mesmo que de lá nunca saí. Mas em presença viva, literalmente.

O que me fez desejar essa volta? O que me moveu a esse retorno? O que eu precisava constatar? Que força é essa que parece me atar àquele espaço? O que pode acontecer com alguém que volta à casa da infância? E, se a casa não existir mais?

Então me deixei ficar quieta, ensimesmada, imersa num intenso silêncio instalado ao redor de mim. Numa enorme tela em branco, infinitas inquietações foram se apresentando, me deixando completamente vulnerável, frágil em relação a um saber sobre mim mesma. Naquele momento, era como se inaugurasse, ali, a necessidade de uma nova linguagem que pudesse dar conta de um saber não sabido sobre a minha existência. Apenas deixei meus pensamentos flutuarem. Entreguei-me a eles e fui sendo levada com certa leveza.

O que somos ou pensamos ser é resultado de rupturas com o que parecia perigoso ou inconsistente em algum ponto de nossa história. No entanto, aquilo que cindimos não deixa de ser parte de nós e, às vezes, volta e nos dá a dimensão de como é artificial e precária a nossa identidade.

Na casa da infância, aprendemos uma língua que não se encaixa inteiramente na linguagem que dominamos hoje. Podemos dizer que somos formados por um dialeto que tra-

ta das pulsões primárias, ou seja, amor, ódio, sexo e tudo o mais que pulsa em nós, mesmo que não saibamos nomear o que seja.

Ao intencionarmos contar uma história "verdadeira" no sentido mais puro que essa palavra possa expressar, precisamos recorrer a esse dialeto. Precisamos nos deixar levar por aquilo que está impresso em nós e que pode dar dignidade ao que queremos contar.

A casa é um refúgio que guarda alegrias e tristezas geradas pelas memórias produzidas naquele lugar. Memórias que decifram o que somos hoje, que dizem respeito ao pertencimento, que extrapolam mecanismos de recepção e armazenamento de experiências e se configuram como processo dinâmico e interativo. Trata-se de um movimento, no qual nossa identidade vai se constituindo e a memória desse processo funciona como parte fundamental de nosso próprio ser. Nesse sentido, o diálogo com a cultura daquele lugar e com sua memória é um diálogo consigo próprio. Somos parte da casa que habitamos em nossa infância. Tocá-la é tocar em nosso próprio ser. Então, articular a memória dos objetos/símbolos e das relações pessoais ali vivenciados é buscar uma conexão fluida entre passado e presente, como suporte para a construção de uma possível utopia futura.

Assim, com essa ebulição de pensamentos/sentimentos, me dirigi, literalmente, à casa de minha infância. Ela estava lá, meio século depois, guardando pontos importantes registrados por minha memória infantil. Bati palmas, não havia campainha, e uma menina-moça veio me atender. Eu, tomada de emoção, não conseguia dizer a que vinha, ao mesmo tempo em que me sentia envergonhada de estar naquela situação. Enfim, consegui dizer-lhe que havia saído daquela casa aos sete anos de idade e que tinha um enorme desejo de poder visitá-la. Ela, um misto de assustada com o inusitado daquela confissão e, ao mesmo tempo, sentindo-se mobilizada a fazer algo que amenizasse a dor desconcertante que eu mostrava, me deixou entrar. Que experiência fantástica!

Pisar no solo que meus pés infantis pisaram... tocar no portãozinho de ferro, bem precário, que dava para a rua... me encostar nas paredes que tantas lembranças me traziam... observar o número da casa, em metal prateado, tal qual meus olhos infantis registraram... respirar os cheiros da infância que magicamente pairavam sobre aquele lugar... Que riqueza a oportunidade dessa vivência me propiciou!

Tempos depois, consegui reaver os algarismos que formavam o número da casa e os coloquei num quadro em meu escritório. Um pedaço literal daquela casa, hoje, me acompanha e me lembra que eu e ela fazemos parte de um amálgama, cuja liga é a vida que pulsa em mim, com as marcas daqueles com quem convivi na infância e com as múltiplas possibilidades de reconstrução diária do meu ser.

14

Uma paixão inocente

> Mudam-se os tempos,
> mudam-se as vontades.
> Muda-se o ser, muda-se a
> confiança:
> Todo o mundo é composto de
> mudança.
> [Luís de Camões]

Clio, a menina que queria ser, viveu num tempo e num contexto onde imperava a censura. Havia uma atmosfera de repressão sobre aspectos naturais, próprios do desenvolvimento do ser, como a curiosidade sobre a transformação dos corpos na adolescência, as sensações decorrentes dessa evolução, os desejos pulsantes que teimavam em se apresentar nessa fase, enfim, um verdadeiro festival anárquico de afetos que, em nome de uma educação cristã, deveriam ser silenciados.

Isto soava estranho para aquela menina. Era como se não houvesse permissão para viver com espontaneidade a própria natureza humana. Ela não entendia o porquê daquela forma de conduzir a orientação dos jovens, mas, de tão reprimida, não se autorizava a questionar os adultos. O diálogo não era uma prática frequente no seio daquela família.

Foi na escola, durante o Curso Ginasial, que essa realidade começou a se transformar. Clio foi sempre muito estudiosa e logo chamou a atenção dos professores por seu desempenho exemplar. Um dos professores tinha o hábito de presentear os alunos que se destacavam com livros de literatura. Aliás, a leitura de clássicos da literatura era comum naquela época, nesse nível de ensino. Assim, Clio foi apresentada a José de Alencar, Machado de Assis, Érico Veríssimo, Graciliano Ramos, Casemiro de Abreu, Jorge Amado e muitos outros. E o mundo foi se descortinando a partir daí. Folheando as páginas dos livros, dialogando com seus personagens, muitas questões suas foram clareando. Novas estéticas foram se configurando e Clio foi descobrindo que havia possibilidades outras para além do que era vivenciado em seu pequeno núcleo familiar.

Esse mesmo professor, pela forma cuidadosa e competente que conduzia suas aulas, pelo interesse no aprendizado dos alunos e pelo refinamento de sua pessoa, foi despertando a atenção de Clio. Suas provas eram datilografadas e mimeografadas num mimeógrafo a álcool, onde ele pingava algumas gotas de perfume. Então, nos dias de provas, um aroma agradável pairava no ar e, ao fundo, uma música suave enchia o ambiente, descontraindo a turma, durante a tarefa. Ah, nesses momentos Clio viajava no tempo e no espaço, parecia que pertencia a outro mundo.

Através desse professor, Clio assistiu à sua primeira peça teatral no Teatro Carlos Gomes; ao primeiro concerto de música clássica no Teatro Municipal e a uma infinidade de filmes importantes, em bons cinemas da cidade do Rio de Janeiro. Ele organizava a atividade e levava a turma. Momentos inesquecíveis!

Durante os desfiles cívicos ou festas na escola, ele fotografava os alunos e depois disponibilizava as fotos para os que se interessassem. Muitos registros de momentos significativos dessa época nasceram dessa iniciativa.

Ao término do ginásio para o qual, aliás, ele foi escolhido como paraninfo da turma, Clio teve que se transferir de escola. Faria o Curso Normal, destinado às moças daquela época. Nesse momento, esse professor se aproximou das famílias de um grupo de alunas, estreitou laços de amizade e continuou promovendo encontros e organizando passeios. Dessa época, fica ainda a lembrança do primeiro passeio ao Pão de Açúcar, com registros fotográficos.

Diante desse novo mundo que se abrira para Clio houve um apaixonamento dessa menina por esse professor tão importante e singular. A menina, até então obscura na família, passou a brilhar aos olhos daquele professor, a ser valorizada, a ser apresentada a uma nova estética de vida.

Hoje, ao pensar sobre a importância dessa experiência que lhe deu acesso à cultura, no campo da literatura, do teatro, do cinema, da música e da fotografia, Clio avalia que, através daquele homem, ela se apaixonou pela arte. Ele lhe ensinou, para além dos conhecimentos acadêmicos, a consumir bens simbólicos. Possibilitou-lhe o alimento da alma, a abertura ao imaginário.

Havia entre eles uma diferença de idade de quinze anos e muitas outras questões que só mais tarde foram sendo percebidas. Casaram-se. Tiveram três filhos. Os bens mais preciosos da vida de Clio. No cotidiano, porém, os fatos não foram tão delicados e refinados, como a ingênua menina imaginava e, conforme ela foi amadurecendo, mais intenso foi ficando o descompasso entre o casal. Num determinado tempo, a separação foi inevitável. Ela não era mais a menina inocente. Ele não era mais o homem idealizado por ela.

15

Maternidade – um encantamento

> Eu quero a luz que vem de
> dentro, quero que as cores
> apresentem as emoções.
> Não quero pintar quadros,
> quero pintar vida!
> [Van Gogh]

A busca daquela menina-mulher se voltava para algo que, de tão grandioso, não encontrava uma forma de tradução em palavras. Talvez fosse mais fácil tecer uma narrativa capaz de seduzir ou até mesmo de espantar, por seu realismo cotidiano. Isso, porém, ficaria em dissonância com sua realidade interior, feita de medos e fantasias, de incertezas e de esperanças, de fragilidades, mas também de uma sensação de viveza, que lhe permitiam vislumbrar sonhos grandiosos de felicidade. Desejo de um amor nunca desfrutado.

Ah, nesses momentos, ela crescia em vigor e recitava, como numa oração, palavras lidas em Clarice Lispector, "o que tem que ser, tem força". Acreditava nisso. E intuía que seria merecedora de momentos de intensa felicidade.

Gostava de pensar a felicidade menos como um objetivo que se alcança e mais como um efeito colateral que, como uma graça, abate-se sobre nós enquanto vivemos. Nesse âmbito, pensava que a tal felicidade deveria chegar de forma discreta, sutil, fugaz, até mesmo escondida em detalhes simples, exigindo dela muita sensibilidade para enxergá-la e poder desfrutá-la.

Outro ponto importante considerado por Clio, ao deixar seu pensamento se debruçar sobre esta questão, era imaginar o quanto este sentimento humano necessitava de um compartilhamento para a sua inteireza. Inevitável o encontro com o outro.

Clio sonhava ser arrebatada por uma felicidade grandiosa, um sentimento essencial, nunca antes vivenciado por ela.

Havia ali uma necessidade imperiosa de amar e se sentir amada, numa dimensão ampla de seu ser. Não dava para explicar com palavras esse seu desejo. Então, confusa, se perguntava se isso seria real, se seria da ordem do possível ou puro devaneio.

Na verdade, essa ebulição de sentimentos que pulsava em seu íntimo se configuraria como aquilo de mais sagrado que daria um significado especial à sua existência. Isso, a vida lhe mostraria ao lhe presentear com a maternidade.

Que experiência encantadora! Que sensação extasiante de grandeza! Que vivência de iluminação!

O milagre da criação estava ali, sendo vivenciado por ela. Filhos, vidas pulsantes, vibrantes, amorosas. Filhos, obras de arte que nos encantam, nos maravilham, nos dignificam em nosso existir. Filhos, dádivas que recebemos por merecimento, e que nos possibilitam transcender através de suas descendências, alimentando o nosso desejo de infinitude. Vêm através de nós, mas não são nossos por pertencimento. Devemos ofertá-los ao mundo, como presentes. De certo modo, isso pode parecer assustador. Mas, diante deles, uma inexplicável força cresce dentro de nós. Vamos nos metamorfoseando a cada dia.

Com o enigma da maternidade, novos caminhos foram se apresentando a Clio, que se sentia mais inteira, mais plena, mais viva. Agora sim, ela sentia o que era viver um amor pleno, incondicional. Enquanto ia vivendo essa experiência, ia se tornando outra mulher, mais mulher, várias mulheres. E, aí, se indagava: como é possível a uma mulher mudar completamente e ficar, ainda, mais próxima de si?

16

O mistério da amizade

> Se insistem para que eu
> diga por que eu o amava,
> sinto que isso só pode
> exprimir-se respondendo:
> "Porque era ele; porque era eu".
> [Montaigne]

Clio, menina-mulher, resolveu se voltar por instantes e olhar para trás. Deixou seu pensamento alçar voo e pousar em fases distintas de sua vida. Ali, em cada momento, uma constatação magnífica: a presença de pessoas que, com mansidão, foram chegando e construindo uma forma de comunhão com ela.

Que experiência esplêndida e, ao mesmo tempo, enigmática!

Entre elas, ia se estabelecendo um vínculo de afeto pautado no compartilhamento de ideias e ideais que se expressavam de forma vibrante, nas palavras trocadas ou mesmo em silenciosa alegria. Sensação de completude.

Clio gostava de pensar nas razões que levavam ao estabelecimento dessas relações que a satisfaziam e a intrigavam, ao mesmo tempo. Como se construía uma relação de amizade? Como se fundamentavam as suas possibilidades? Quais as suas condições de veracidade? Difícil ter clareza sobre isto. Uma coisa era certa. Parecia haver uma falta ou uma necessidade naqueles que se aproximavam através de laços fraternos. E, sem mesmo que soubessem o porquê ou o como, um elo afetivo se estabelecia. Então, a partir daquele instante, os amigos tornavam-se imprescindíveis uns para os outros. E naquela relação sentiam-se em estado de completude.

Há momentos e dimensões no processo de existência do ser humano em que se faz necessário o desregramento do pensar racional, para a abertura a novas possibilidades de compreensão. Na gênese misteriosa da amizade, isso se apresentava de forma transparente. Havia ali um saber sensível, imantado emocionalmente numa harmonia de sentimentos que parecia dar significado à vida dos parceiros amigos.

Clio pensou, então, que talvez pudesse chegar mais próximo das respostas de suas indagações, se pautasse o seu pensar numa trama de signos atravessados pela sensibilidade. Assim, deixou seu pensamento fluir e foi registrando as palavras que lhe brotavam, como numa dança de significações.

Um amigo fecunda a existência de seu amigo. Amplia seus horizontes. Na convivência amiga, há uma fabulação de imagens novas.

Viver em estado de amizade é um modo de sonhar. Um modo de redescobrir a realidade, suas múltiplas dimensões e sua transformação incessante.

A relação de amizade abre a capacidade criadora e se nutre dela, ao mesmo tempo.

A amizade educa a imaginação. Faz viver. Um viver com leveza, com delicadeza, com alegria.

Agora, sim, ela sentia ter se aproximado dos mistérios da amizade. Colocou-se no centro de suas reflexões e percebeu que, na convivência com seus amigos, abria-se sobre ela a possibilidade de um amor novo. Um espírito novo.

17

Um amor celebrado

> Os seres celebrados são
> promovidos a uma nova
> dignidade e existência.
> [Rainer Maria Rilke]

Certo dia, um novo amor chegou e, de mansinho, foi se alojando no coração daquela menina. Ela não imaginava que aquilo pudesse acontecer. Julgava-se protegida contra fragilidades emocionais. Nessa época, era muito determinada e dava conta de sua vida e da família que conduzia sozinha. Não se supunha desarmada contra as coisas do amor. Então, esse amor sorrateiro foi se instalando de uma forma serena e, aos poucos, retirando os véus que envolviam o coração da menina, camadas de proteção que ela cuidara de implantar contra possíveis agruras da vida.

Como num passe de mágica, ela foi se sentindo mais frágil, foi se apaixonando por aquele amor, se entregando sem medo, aceitando o enlace de seu abraço, a candura de seu olhar, se emocionando por completo pelos gestos e delicadezas daquela forma de relação.

E esse amor foi crescendo, crescendo, se agigantando e amalgamando aqueles dois corações de tal forma, que uma explosão de alegria passou a fazer folia na vida daqueles amantes. E eles se propuseram a tecer com fios poéticos cada trama de um grande manto amoroso para acolher a todos que faziam parte de suas vidas.

Esse era o projeto. Em seu dia-a-dia, eles davam corpo a esse plano. Sentiam a ressonância de seu amor naqueles que compartilhavam de seu cotidiano. Isso os contentava.

Gostavam muito de conversar, de "jogar conversa fora" nos longos cafés matinais, aos domingos, onde filosofavam sobre a existência. Ela admirava a simplicidade de sua sabedoria, seu carisma natural. E como ele era cuidadoso na forma de escutá-la! Ele a elogiava, em seu jeito sensível de ser. Que bom viver a cumplicidade daquela ternura, pensava ela!

Imaginavam que possuíam a fórmula do amor perfeito. Havia sensação de completude, quando estavam juntos. Eram "almas gêmeas"?

Ah, como gostavam de dançar! Quando se entregavam à música, era como se se ausentassem do espaço terrestre e percorressem outros planos, bailando e se enamorando, cada vez mais. Eram músicas clássicas, românticas e, entre elas, havia uma que era a deles, "I'm Getting Sentimental Over You". Naqueles momentos, reafirmavam sua paixão, sem palavras. De coração para coração, o amor era confirmado. Mas, gostavam também de ritmos mais quentes, em especial, os nordestinos, onde afinavam sua reciprocidade de amantes, num traquejo dançante. Emocionavam-se e emocionavam os amigos, que diziam ser bonito observar a sintonia daquele amor.

Viajavam juntos, iam ao cinema, ao teatro, ouviam músicas clássicas, dialogavam sobre grandes pensadores que faziam parte de seus trabalhos. Havia uma harmonia fina na vida daqueles dois.

Imaginavam-se velhinhos, lado a lado. Mas, isso seria para um tempo muito longínquo. Seriam velhinhos apaixonados, isso era certo. Contudo, por hora, era tempo de curtir as novidades que os filhos traziam. Eram seis, três de cada um, do primeiro casamento de ambos. Todos já haviam se casado. Alguns já os tinham presenteado com netos, essa dádiva que Deus coloca na vida de homens e mulheres. Seria para premiá-los por algum merecimento? Assim, a menina interrogava, embora já se sentindo homenageada pela força divina.

A vida, porém, é um enigma. Ela nos prepara surpresas. Ela nos impõe desafios. Por quê? Não se sabe.

Era o mês do Natal. A menina, num corpo de mulher-avó, havia comprado um presépio novo. Celebrar o nascimento de uma nova vida, esse era o espírito dessa festa. O renascimento de uma vida nova, em cada um, era o compromisso assumido. Seu amor adorava essa época natalina e ela faria uma surpresa para ele, àquela noite. Armaria o presépio, o iluminaria e esperaria por ele para mais um brinde àquele amor. Só que ele não chegou. Seu coração deu um sinal, fraquejou e só houve tempo de uma despedida rápida, através do olhar e de um beijo trocado no ar. Ele se fora... Pra onde?

Viver é muito difícil..., nos dizia Guimarães Rosa e, continuava afirmando... aprender a viver é que é viver mesmo. Mas, como reaprender a viver sem o bálsamo daquele amor, se perguntava a menina-avó? Sem seu abraço protetor, sem seu olhar sedutor, sem sua voz sussurrando poesia através de palavras sutis escolhidas para alimentar o sentimento intenso que os unia. Sem o delicado gesto de gentileza, quando dizia: "Vai um cafezinho, amor?"

Esse aprendizado dolorido foi se instalando devagarinho, com muita serenidade. Parece que ele, seu amor, continuava ali, amparando a dor daquela menina. Não havia desespero, apenas uma saudade mansa. E o aprendizado ia crescendo junto com a saudade, causando um espanto bom naquela menina. Era quase uma felicidade. Nunca somos capazes de prever o que o futuro nos prepara, mas muito nos esforçamos para sermos merecedores de saudades.

Assim, o tempo foi se sobrepondo ao tempo e novos tempos foram se configurando. Quando a dor apertava, ela colocava a música deles para tocar e dançava com o seu retrato. Sentia-se calma.

Agora, ela sabia, o amor estava ali, dentro dela. A sua linguagem era a emoção. E isso era muito reconfortante.

Um dia, ao assistir a um filme, ela sentiu na poesia do cineasta, Guilhermo del Toro, a verdade que ela trazia dentro de si:

Incapaz de perceber a forma de você,
eu encontro você ao meu redor.
Sua presença enche meus olhos
com o seu amor, aquieta meu coração,
pois você está em todos os lugares.

18

O enigma das palavras

> Eis que o labirinto
> (oh razão, mistério)
> presto se desata:
> em verde, sozinha,
> antieuclidiana,
> uma orquídea forma-se.
> [Carlos Drummond de Andrade]

Ficção ou narrativa de vida? De onde vieram as ideias desse livro?

Segundo a psicanálise freudiana, uma boa associação, a da memória involuntária, triunfa sobre aquilo que pode estar escondido no mais recôndito de um ser.

Nesse sentido, uma ficção, que seria invenção de seu autor e, portanto, nasceria de um oculto recanto de sua mente, seria mesmo ficção?

Que vínculos existiriam entre uma invenção e os aportes inconscientes de seu inventor?

Os fatos dessa história foram aflorando em fragmentos, muitas vezes de forma brusca. Na verdade, eles foram se impondo ao escritor que, ao tecer essa história, se viu interessado por tudo o que era esquecido, inconsciente, involuntário, ambivalente, proibido, secreto, dolorido...

Um escritor poderia dizer mais do que sabe? Seria possível que ele escrevesse sobre o que estava calado dentro de si?

A palavra sensível alcança o silêncio, diz sobre o indizível. Se oportuna, viva e verdadeira, permite ao sujeito reconstituir sua subjetividade. Funciona como uma pele simbólica.

Da mesma forma, a escrita pode ser uma palavra a si e só para si, preenchendo a função reconstituidora. Escrever é um ato solitário, mas há a possibilidade desse escrito se reverberar. E, quiçá, cada leitor ser tomado como uma testemunha.

Para Clio, em seu longo processo de descoberta de si, era apropriado que descobrisse o poder das palavras. A escrita é o desconhecido. Antes de escrever, nada se sabe do que vai ser escrito, mesmo em total estado de lucidez. Clio precisou se narrar. Viu-se na obrigação de contar a sua história. Ninguém, a não ser ela, conhecia as profundezas de sua dor.

Naquele tempo, ela pensava que tudo o que se inventa é mentira. Então, se indagava: será que é possível conhecer-se algo, verdadeiramente? Será que a gente não inventa sempre? Depois, ela entendeu que ficção era a realidade reconstruída.

Um pensamento íntimo foi se instalando em sua mente e dela brotando palavras sem som que, no entanto, pareciam validar toda uma experiência de vida. Essas palavras silenciosas pareciam trazer em si um potencial revelador. As memórias "inventadas" daquela menina não seriam, na verdade, um acerto de contas com o seu passado?

Ela, às vezes, julgava não saber escrever de uma forma correta, mas, no mesmo momento se perguntava: existe essa forma correta? Então deixava o pensamento/sentimento correr solto e escrevia por fragmentos, ou melhor, transcrevia o que lhe soava de um ditado interior.

O que lhe interessava era a essência daqueles escritos, o que se ancorava atrás das palavras que surgiam em ebulição. Palavras que se apresentavam com sonoridades, com sensações táteis de maciez, com fluidez e frescor de brisa matutina... Palavras que gostavam de se enlaçar em outras, formando um novo sentido. Nesse momento, ela ficava satisfeita, porque se emocionava. Seria isso uma forma de arte poética? Ela não sabia. Mas intuía que uma palavra assim podia dizer o indizível.

Ao escrever sobre suas experiências de vida, suas marcas mais sutis, suas dúvidas, incertezas e medos, ela foi exercendo afetos sobre o seu processo de existir. Foi libertando-se para a sua própria identidade, mostrando certa leveza em seu ser, despontando para a sabedoria da vida, olhando a vida, sentindo que há vida.

A palavra oral e também escrita tem um poder de pele. A magia da palavra está em ser ela capaz de produzir novamente a realidade. Assim, a cada palavra alcançada, a cada palavra dita ou escrita existe a possibilidade da recriação, não só do acontecimento, mas do próprio pensamento e, em essência, do afeto/sentimento da experiência vivida.

Hoje, uma voz se faz ouvir no corpo que Clio habita e, através de uma escuta sutil, ela tem permissão para se mostrar. Será que agora ela sabe de si?

Então, ela faz uma revelação:

Se me inscrevi nesse ensaio, foi também para dar contorno pela escrita ao meu verdadeiro eu. Poder deixá-lo aflorar, aceitá-lo em sua inteireza e, até mesmo, admirá-lo por tamanha coragem de empreender essa travessia de vida, enfrentando os riscos de se perder no emaranhado de medos, inseguranças e fragilidades.

Por este ato, considero que renasci.

Sou quem sou.

Existo no meu jeito singular de ser.

Estou sendo!